ALFAGUARA INFANTIL^{MR}

ALFAGUARA MR
INFANTIL

ANIMALES MUY NORMALES

D.R. © del texto: Rafael Ordóñez Cuadrado, 2001
D.R. © de las ilustraciones: Susana Fernández Igual, 2001
D.R. © Santillana Ediciones Generales, S.L., 2002

D.R. © de esta edición:
Editorial Santillana, S.A. de C.V., 2014
Av. Río Mixcoac 274, Col. Acacias
03240, México, D.F.

Alfaguara Infantil es un sello editorial licenciado a favor
de Editorial Santillana, S.A. de C.V.
Éstas son sus sedes:

Argentina, Bolivia, Chile, Colombia, Costa Rica, Ecuador, El Salvador,
España, Estados Unidos, Guatemala, México, Panamá, Paraguay, Perú,
Puerto Rico, República Dominicana, Uruguay y Venezuela.

Primera edición en Santillana Ediciones Generales, S.A. de C.V.: marzo de 2006
Primera edición en Editorial Santillana, S.A. de C.V.: agosto de 2014
Primera reimpresión: noviembre de 2014

ISBN: 978-607-01-2370-2

Impreso en México

SANTILLANA

Animales
muy normales

Rafael Ordoñez Cuadrado

Ilustraciones de Susana Fernández Igual

ALFAGUARA^MR

INFANTIL

EN ESTA GRANJA TAN MAJA
HAY DE TODO, HASTA PAJA.
¿Y ANIMALES? UNOS CUANTOS,
UNOS VEINTE O VEINTITANTOS.

Soy gordo, gruñón y bajo,
y no me gusta el trabajo.

Cuando tomo el biberón
hay quien me llama lechón.

Al mamar nos empujamos,
es que todos no llegamos.

Pequeño todos me quieren,
pero luego se lo huelen.

Mi familia es numerosa,
y todos color de rosa.

Mi rabito es una rosca,
pero no espanto a las moscas.

Hocico plano y redondo,
por eso llega hasta el fondo.

Si el jabón es tu enemigo,
te compararán conmigo.

La pocilga es mi casa,
donde el buen olor no pasa.

Me gusta estar en el barro;
o a la sombra, bajo el carro.

Para ponerme las botas
yo me hincho de bellotas.

Luego me harán jamones,
chorizos y salchichones.

El jabalí, mi pariente,
dicen que es muy valiente.

¿Mi nombre? Pues no me acuerdo.
¿Me ayudas? Yo soy el_____

Al nacer yo tengo frío,
y tan sólo digo: pío.

De pequeño es un rollo,
¡todavía soy un pollo!

Soy un ave de corral,
aunque a mí eso me da igual.

Miro esto, miro aquello;
siempre estoy moviendo el cuello.

Pongo huevos a docenas,
te los comes en la cena.

Me asusto por cualquier cosa,
¡como que soy muy miedosa!

No creas que me mareo
si escuchas un cacareo.

Aunque alas tenga un par,
no sirven para volar.

Tengo una bonita cresta,
pero nunca voy de fiesta.

Busco bichos con el pico,
me los como, ¡están muy ricos!

Mi caldo es muy famoso,
y por cierto, nada soso.

Si me ve algún abuelo
le recuerdo a su pueblo.

Pero hijo ¡ten cuidado!
que vas a acabar asado.

Una familia muy fina:
pollito, gallo y _____

Como peso muchos kilos
soy un animal tranquilo.

En el norte vivo suelta
y puedo darme una vuelta.

Trago hierba y como pienso,
tengo un apetito inmenso.

Tanto ahora como antes
siempre he sido un rumiante.

Me miran mucho los perros
si llevo puesto el cencerro.

Si veo una mosca sola,
la golpeo con mi cola.

En mi piel hay grandes manchas;
blancas y negras, muy anchas.

Una cosa me descubre:
lo grande que son mis ubres.

Mi familia es un tesoro,
y mi marido es el toro.

Nazca en mayo o en febrero,
mi hijo siempre es un ternero.

Leche, mantequilla y queso;
sirvo para todo eso.

A Suiza o a Holanda,
siempre voy donde me mandan.

Si alguna no está delgada
dirán que es de mi manada.

Aunque esté atada a una estaca,
no dejo de ser la _____

Soy como un pollo enorme
vestido con uniforme.

Mis plumas son muy oscuras,
como sotanas de cura.

Tengo patas coloradas,
si hace frío son moradas.

No soy cochino ni estoy loco
pero siempre tengo un moco.

Parece que soy un altanero:
pecho fuera y alto el trasero.

Colón y toda su tropa
me llevaron hasta Europa.

Tengo un primo sin igual,
es un pájaro real.

Cuando estás en soledad
es que vives en mi edad.

Si de amor estás hablando
a mi mujer vas pelando.

Al llegar la Navidad
me llevan a la ciudad.

Y yo me pongo a temblar.
¿Qué tendrán para cenar?

¿Ataste todos los cabos?
Por supuesto, soy el _____

ENTRE VALLES Y MONTAÑAS,
ENTRE NUECES Y CASTAÑAS,
ES DONDE ESTÁ NUESTRO MUNDO
PORQUE ES UN BOSQUE PROFUNDO.

Quiero que alguien me escuche:
soy animal, no peluche.

Me nombran en cualquier caso,
que alguno haga el payaso.

Como mucho en el verano,
casi todo con la mano.

En invierno estoy dormido
sobre un buen colchón mullido.

Para pescar los salmones
me doy buenos remojones.

Pelo tengo un buen montón,
y sin ningún trasquilón.

Mis garras son poderosas,
pueden romper cualquier cosa.

Me gusta mucho la miel,
aunque se pega en mi piel.

Tengo familia en el cielo,
la menor marca los hielos.

En el polo yo soy blanco,
negro en bosques y barrancos.

Al primo, que poco anda,
todos le llaman el panda.

Yogui era el más famoso,
por tragón y por tramposo.

Vivo en el bosque frondoso,
ya lo sabes, soy el _____

Duermo de día en un hueco,
no me despierta ni un sueco.

De noche cazo ratones
pequeñitos y orejones.

No hago ruido cuando vuelo
y los sorprendo en el suelo.

Parezco sólo una pieza:
poco cuello y gran cabeza.

Tengo orejas de mentira,
pero oigo al que respira.

Con mis garras afiladas
puedo hasta dar puñaladas.

Y mi pico causa engaño
pues puede hacer mucho daño.

Mi sonido a nadie gusta,
el que lo oye se asusta.

Ojos tengo con platos,
veo mejor que los gatos.

Todos dicen que me fijo.
¡Es que no veo a mi hijo!

Soy más grande que el mochuelo,
y eso sirve de consuelo.

Tengo que estar con la bruja,
porque si me voy me estruja.

¿Lo sabes o continúo?
Pues claro, yo soy el _____

Aunque yo nunca me peino
soy el más guapo del reino.

Tengo bastantes espinas,
casi todas son muy finas.

No te aconsejo tocar,
pues lo habrás de lamentar.

Cuando me atacan a fondo
me encojo y me hago redondo.

Mis orejas y mi cola...
¿Están dentro de la bola?

Soy un animal nocturno,
respeto mucho los turnos.

Como gusanos y bichos.
¿No crees lo que te he dicho?

Aunque cortas son mis patas,
no me gusta andar a gatas.

Muy grandes son mis uñazas,
cosas que vienen de raza.

También tengo fino el morro,
incluso más que el del zorro.

Tengo un primo que es de mar,
pero no es muy similar.

El más famoso es majete.
¿Te acuerdas? Es Espinete.

Sin hacer ningún hechizo
sabrás que soy el ＿＿＿＿＿＿

EL JARDÍN ES NUESTRO HOGAR,
UN BUEN SITIO PARA ESTAR,
PUES VIVIMOS MUY A GUSTO
AUNQUE SEA EN UN ARBUSTO.

Vivo sola en mi madeja,
esperando hacerme vieja.

O me oculto entre las rosas,
y a veces soy venenosa.

Patas tengo cuatro pares,
si las cuentas no te azares.

Son muy largas y delgadas,
digamos que hasta estiradas.

Mi tripa la tengo hinchada,
pero no me pasa nada.

Hay algo que me da pena,
y es que me faltan antenas.

Pongo huevos un montón,
aunque no llega al millón.

De pequeños, aunque llueva,
es mi madre quien nos lleva.

Puedo colgarme de un hilo,
lo hago con mucho estilo.

Tejiendo yo me doy maña,
sobre todo telarañas.

Bicho que cae en mi tela
lo agarro y a la cazuela.

Si las uñas te han clavado
seguro que me han nombrado.

Siempre hay alguien que te engaña,
menos yo, que soy la _____

Siempre veo lo que pasa
y nunca salgo de casa.

Cuando me pierdo y me busco
pregunto por un molusco.

No tengo patas y ando,
mi cuerpo es bastante blando.

Mi concha es original
pues tiene forma espiral.

Tengo dos pares de cuernos,
los escondo en el invierno.

Los grandes para mirar,
los chicos para tocar.

Cuando el suelo está mojado
salgo a tomar un bocado.

Y me deslizo en mi baba
si es que ésta no se acaba.

Si me tocas yo me escondo
en mi concha, en el fondo.

Tengo una prima curiosa,
aunque es una babosa.

Dicen que mi gusto es grato
si me han cogido de un plato.

¿Pero qué le pasa al hombre?
No deja de usar mi nombre.

Me gusta estar mucho al Sol
porque soy el _____

A conducir yo me niego
porque soy bastante ciego.

Hago túneles profundos
en cualquier parte del mundo.

Cuando uno se me cierra,
yo vuelvo a sacar la tierra.

Fuera quedan montañitas,
señales de mi visita.

Siempre llevo el pelo corto,
las melenas no soporto.

Mi hocico se estrecha mucho,
se parece a un cucurucho.

No tengo orejas ni cuello,
por lo que soy poco bello.

Patas fuertes, grandes uñas,
afiladas como cuñas.

Mi cola es bastante corta,
aunque a mí eso no me importa.

Pero mi oído y mi olfato
son mejor que los del gato.

Como bichos y gusanos,
para mí es de lo más sano.

También meriendo raíces.
¿No te gustan? ¿Qué me dices?

Si hace frío yo me arropo,
me conocen como el _____

EN EL MAR, QUE ES MUY SALADO,
SI ES QUE NO NOS HAN PESCADO,
SOMOS MILES DE MILLONES
DE ANIMALES MUY MOLONES.

Vivo en los mares profundos,
me muevo por todo el mundo.

Soy un animal gigante,
mucho más que el elefante.

Cuando salgo a respirar
un chorro verás saltar.

Aunque yo viva en el mar
de pequeño he de mamar.

Como gambas pequeñitas,
dos o tres toneladitas.

Tengo un primo muy grandote
al que llaman cachalote.

Quien me caza es que está loco.
¿No ve que quedamos pocos?

Si pego un salto en el mar,
el agua se echa a temblar.

¿Te parezco terrorífica?
pero si soy muy pacífica.

Moby Dick fue muy famosa,
por blanca y por misteriosa.

Y otra cosa te diría:
que yo nunca voy vacía.

Desde luego que soy buena,
como que soy la _____

Si dices que soy ganado,
te equivocas, soy pescado.

Aunque parezca un caballo
soy primo del rodaballo.

Ni cabalgar ni trotar,
se me da mejor nadar.

Siempre estoy un poco tieso,
y eso que no tengo huesos.

Parece un tubo mi hocico,
o puede que sea un pico.

Es seguro que te miente
quien diga que tengo dientes.

Tengo aletas transparentes,
pero no muy resistentes.

Me sujeto con la cola,
si no, me mueven las olas.

Me alimento de las algas,
aunque alguna no me valga.

Mi tamaño es poca cosa,
pero mi silueta hermosa.

Pone los huevos mi madre,
pero los cuida mi padre.

Te has fijado alguna vez,
estoy en el ajedrez.

Te lo digo despacito:
del mar soy el _____

Soy un ave marinera,
vivo en la zona costera.

Detrás de los barcos suelo
darme algún que otro vuelo.

Y a los peces medio muertos
me los llevo hasta mi puerto.

Mis alas, que son muy grandes,
hacen lo que yo las mande.

Soy una gran voladora,
puedo hacerlo varias horas.

Pico fuerte y afilado,
también un poco curvado.

Mi apetito es muy voraz,
como cuanto soy capaz.

Hago nidos en el suelo
donde nacen mis polluelos.

Si alguien se pierde en el mar
al verme se va a alegrar.

Remonto algún río a veces,
siempre detrás de los peces.

Venga, dale y bota,
dilo ya, soy la _____

Vivo en el mar, en el fondo,
siempre abajo, en lo más hondo.

Como soy sólo una pieza
tengo pies en la cabeza.

¿Pero cuántas patas tengo?
No sé si voy o si vengo.

Tengo muchas, hasta ocho,
claro está, si no estoy pocho.

Me distinguen varias cosas;
una de ellas, mis ventosas.

No soy ave y tengo pico,
y me pongo como el quico.

Como gambas y cangrejos,
de su sabor no me quejo.

¿Me preguntas por mis huesos?
Ni siquiera sé que es eso.

Todo mi cuerpo es muy blando,
se me nota cuando ando.

Mi color cambia un montón,
igual que un camaleón.

Me quieren con avaricia,
sobre todo en Galicia.

Desde luego no te culpo
si no conoces al _____

EN LA SELVA CALUROSA
Y EN LA SABANA GRANDIOSA
HAY UN MONTÓN DE ANIMALES,
TODOS MUY ORIGINALES.

Aunque soy ave no vuelo,
estoy a gusto en el suelo.

Tengo la cabeza chica,
y me rasco si me pica.

Cuello largo y pico ancho,
cuando como no me mancho.

Corro más que el leopardo
sin pincharme con un cardo.

No me rozo con las matas
porque tengo largas patas.

Tengo unas largas pestañas,
y alguna que otra legaña.

Una cosa desconoces,
y es que puedo pegar coces.

Yo me trago cualquier cosa,
sea salada o sosa.

Pongo huevos colosales,
enormes, todos iguales.

Vivo en grupo en la sabana,
con mis hermanos y hermanas.

Aguanto bien el calor,
el frío me va peor.

Soy la mayor de las aves.
¿Todavía no lo sabes?

Me lo juego a cara o cruz;
eso es, el _____

Parezco un niño peludo,
encorvado y cabezudo.

Vivo junto a mis hermanos,
ando con pies y con manos.

No me gusta estarme quieto,
pero me muevo en secreto.

Me paseo entre las ramas
antes de irme a la cama.

Soy bastante inteligente
porque uso bien la mente.

Me gusta comer bananas,
siempre que me da la gana.

Haga calor o haga frío,
yo muchas veces me río.

Si haces algo yo te imito,
seas grande o pequeñito.

He viajado hasta en cohete,
de verdad, no de juguete.

Si comparan algo bello
mi nombre siempre está en ello.

Chita es la más famosa,
por ser lista y por graciosa.

Hizo cine trabajando
con un hombre berreando.

Del Congo, ruso o francés,
sigo siendo el _____

Soy grande pero tranquilo,
aunque pese muchos kilos.

¿Qué es lo más sobresaliente?
¿Mis orejas o mis dientes?

Tengo unos grandes colmillos,
son más blancos que amarillos.

Con forma de mariposa
mis orejas son grandiosas.

Tengo miedo que se rompa,
mi nariz es una trompa.

No tengo dedos pulgares,
mis patas son circulares.

Como tengo la piel gruesa,
¡tú no sabes lo que pesa!

Es inmenso mi apetito,
aunque como despacito.

Mi cría nunca está sola
pues se agarra de mi cola.

Conozco muy bien la historia,
tengo la mejor memoria.

El mamut era mi abuelo,
ahora duerme bajo el suelo.

Sólo algo me da pena:
es más grande la ballena.

¿A que parezco un gigante?
Porque soy el _____

Mi cuerpo es muy ondulante,
y mi piel más que elegante.

Me arrastro como una rata,
pero yo lo hago sin patas.

Si estás cerca, si te veo,
puedes oír un siseo.

Soy discreta y silenciosa,
aunque puedo ser vistosa.

Mi piel alguna vez muda,
pero nunca estoy desnuda.

También tengo una queja,
y es que carezco de orejas.

Unas tenemos veneno
y sabemos que no es bueno.

Para encontrar la comida
uso mi lengua partida.

Un ratón o un ternero,
me lo trago todo entero.

Luego me echo la siesta,
más tarde me voy de fiesta.

La musiquilla me encanta,
la del faquir y su flauta.

Anaconda, boa, cobra,
yo tengo nombres de sobra.

También tengo buenos dientes,
ya sabes, soy la _____

HAGA CALOR O HAGA FRÍO
NUESTRA CASA ES EL RÍO,
QUE ES UN LUGAR MUY SANO
EN INVIERNO Y EN VERANO.

Soy tranquilo y silencioso,
y también ceremonioso.

Orgulloso y elegante
me mantengo muy distante.

Mis patas son aplastadas,
y nado como si nada.

Tengo un magnífico cuello,
todos dicen que es muy bello.

¿Sabes de lo que me alegro?
Que puedo ser blanco o negro.

Puedo andar y hasta volar,
pero me encanta nadar.

Soy como un pato romántico,
es muy famoso mi cántico.

Me hincho comiendo plantas
si alguien no me atraganta.

De chicos, algunas veces,
quieren comernos los peces.

Mi madre nos lleva encima,
como es muy buena nos mima.

Hace mucho que lo leo:
de pequeño yo soy feo.

¿Y si te cuento un chisme?
Es muy fácil, soy el _____

Soy un insecto pequeño
pero a muchos quito el sueño.

Sólo vuelo en el verano,
¡como que es mucho más sano!

Pego buenos picotazos
en las piernas y en los brazos.

Cerca de ríos y charcas
me gusta dejar mi marca.

Si dejas de oír un zumbido
seguro que ya me he ido.

Muchos juntos somos nube,
no sabes si baja o sube.

Tengo un cuerpo muy delgado,
pero no me lo he cuidado.

Hay algo que me da pena:
de los pájaros ser cena.

Me tienen por mal presagio,
algunos males contagio.

A veces la sangre chupo,
si no me gusta la escupo.

Para quitarme la vida
usan el insecticida.

Dilo sin dar ningún grito,
mi nombre es el de _____

Soy un pescado muy vivo,
y alimento nutritivo.

Agua dulce o agua salada,
depende qué temporada.

Mi carne es color naranja
y no vivo en una granja.

Si me buscas vete al norte
o te llevarás un corte.

Si en Noruega me han pescado
me prepararán ahumado.

El río me ve nacer
y al mar yo voy a crecer.

Cuando voy a poner huevos
nunca busco un río nuevo.

Y si tengo alguna duda
es mi olfato el que me ayuda.

Todo entero lo remonto,
no te creas que estoy tonto.

Pues si veo algún oso
me entra un miedo espantoso.

Al final estoy cansado.
¡Vaya paliza me he dado!

Mi misión está cumplida:
vuelve el ciclo de la vida.

Soy un pez con distinción,
como que soy el _____

Tengo unos ojos gigantes
para ver bien por delante.

Mi piel es verde y con manchas;
unas chicas, otras anchas.

Como bichos pequeñitos:
moscas, arañas, mosquitos...

Doy unos saltos muy grandes,
aunque andar, andar, no ande.

Suelo vivir en la charca,
me oculto si oigo una barca.

Me gustan las aguas mansas
porque así nadar no cansa.

No creas que es un alivio
saber que soy un anfibio.

Crecer me cuesta trabajo
porque nazco renacuajo.

Cuando oigo que otra canta
se me hincha la garganta.

A mi primo, que no es guapo,
le gusta mucho ser sapo.

Cuando bucea un hombre
detrás de él va mi nombre.

Algunos comen mis ancas,
por eso me dejan manca.

Di lo que te dé la gana,
pero me llaman la _____

Esta obra se terminó de imprimir en noviembre de 2014
en los talleres de Edamsa Impresiones S.A. de C.V.
Av. Hidalgo No. 111, Col. Fracc. San Nicolás Tolentino,
Del. Iztapalapa, C.P. 09850, México, D.F.